주시경 # 한글 # 주보따리 # 말모이 # 큰사전

글쓴이 박종휘
한남대학교 영어영문학과를 졸업했으며, 계몽서에게 편집부 과장을 지냈습니다. 어린이 문학, 위인 전기, 한국 역사, 세계 역사 등을 기획·편집했으며, 지금은 주로 어린이 책을 쓰고 있습니다. 작품으로는 〈셰익스피어〉, 〈모차르트〉, 〈김유신〉, 〈손기정〉 등이 있습니다.

그린이 신경선
숙명여자대학교 산업미술학과를 졸업했으며, 한국출판미술가협회 회원으로 프리랜서 일러스트레이터입니다. 작품으로는 마음씨 착한 바리 공주〉, 〈장영실〉, 〈어리석은 호랑이〉, 〈큰 바위 얼굴〉, 〈쿨쿨 드르렁 깨우지 마〉, 〈마량의 신기한 붓〉 등이 있습니다.

펴낸이 김준석 **펴낸곳** 교연미디어 **편집 책임** 이영규 **리라이팅** 이주혜 **디자인** 이유나 **출판등록** 제2022-000080호 **발행일** 2023년 2월 15일
주소 서울시 관악구 법원단지 16길 18 B동 304호(신림동) **전화** 010-2002-1570 **팩스** 050-4079-1570 **이메일** gyoyeonmedia@naver.com

*이 책에 실린 글과 그림의 무단 복제 및 전재를 금합니다.

【학문의 기초와 발전을 이끈 위인들】

주시경

-우리말 이야기-

박종휘 글 | 신경선 그림

대한민국

"야! 그 수수깡 이리 내놔. 그건 내 거라고!"
"아니야, 내 거야. 내가 먼저 집었잖아."
두 명의 아이가 티격태격 다투고 있었어요.
그때 수수깡 주인이 나타나 호통을 쳤어요.
"이놈들, 남의 수수깡을 가지고 뭐 하는 짓이냐!"
겁이 난 아이들은 쭈뼛거리며 서로 눈치만 보았어요.
그때, *상호가 용감하게 앞으로 나섰어요.
"아저씨, 허락도 없이 수수깡을 써서 죄송합니다."
부디 용서해 주세요."
"좋다. 솔직하게 말했으니 용서해 주마. 하하하."
마음씨 좋은 아저씨는 호탕한 웃음을 지으며
아이들을 용서해 주었답니다.

*상호는 주시경의 어릴 적 이름이에요.

어린 주시경은 글공부를 하는 틈틈이
땔감을 해 오거나 *짚신을 만들며 집안 살림을 도왔어요.
"어머니, 여기 제가 만든 짚신을 팔아 쌀을 사 왔어요."
주시경은 어머니를 기쁘게 해 드릴 생각에 몹시 들떴어요.
"고맙다. 하지만 엄마는 네가 돈을 버는 것보다
열심히 공부하는 것이 더 기쁘단다. 알겠니?"
어머니는 부드러운 목소리로 주시경을 타일렀어요.
그 뒤부터 주시경은 더욱 열심히 공부를 했답니다.

짚신
짚신은 옛날 사람들이 신던 신으로, 볏짚을 삼아서 만들었어요.

열두 살이 된 주시경은 부모님의 곁을 떠나게 되었어요.
큰아버지의 *양자가 되어 서울로 가게 된 거예요.
"어머니, 아버지. 부디 건강하세요."
"그래, 열심히 공부하여 훌륭한 사람이 되거라."
큰아버지는 주시경을 서당에 다닐 수 있도록 해 주었어요.
하지만 그 서당의 교육 방식은 주시경에게 잘 맞지 않았어요.
'이회종이라는 사람이 글을 잘 가르친다고 하던데…….'
주시경은 날마다 이회종의 글방을 기웃거렸어요.

*양자는 데려다가 자식으로 삼은 남자아이예요.

"얘야, 너는 누군데 매일 내 글방을 찾아오는 것이냐?"
"네, 저는 주시경이라고 합니다.
어르신께서 글을 잘 가르친다는 소문을 듣고
배움을 얻고자 찾아왔습니다."
주시경은 또박또박 대답했어요.
"참으로 *영특하구나. 내일부터 글방에 나오도록 해라."
"감사합니다, 어르신."
이회종의 말에 주시경은 펄쩍펄쩍 뛰며 좋아했어요.

*영특하다는 남달리 똑똑하고 영리하다는 뜻이에요.

주시경의 실력은 하루가 다르게 쑥쑥 늘었어요.
"그야말로 *일취월장하는구나."
이회종은 주시경을 바라보며 흐뭇해했어요.
그런데 주시경은 한 가지 이해가 되지 않는 것이 있었어요.
'왜 우리글을 두고 남의 나라 글인
한자를 배우기 위해 애쓰는 걸까?'

*일취월장(日就月將)은 날로 달로 발전하거나 성장한다는 뜻의 사자성어예요.

이런저런 고민을 하던 주시경은
배재학당에 들어갔어요.
배재학당은 미국의 선교사가 설립한 곳으로
신학문을 가르치고 있었어요.
'아, 지금까지 나는 *우물 안 개구리였구나.
이제부터라도 새로운 학문을 배워
*견문을 넓혀야겠다.'
주시경은 깊은 깨달음을 얻었답니다.

*우물 안 개구리는 사회의 형편을 모르는, 견문이 좁은 사람을 의미해요.
 사자성어로는 '井底之蛙'(정저지와)라고 한답니다.
*견문은 보고 들어서 지식을 얻는 것이에요.

배재학당 역사박물관
배재학당은 1885년 미국의 선교사 아펜젤러가 설립한
사립학교예요. 고종이 '배재학당'이라는 교명을 내려주
었다고 해요.

배재학당에서 열심히 공부하던 주시경은
서재필을 만나게 되었어요.
서재필은 *《독립신문》을 만든 사람이에요.
주시경은 서재필을 도와 *교정 보는 일을 했어요.
"한글은 정말 우수한 문자로구나.
사람들에게 우리글에 대한 중요성을 알리고,
우리글을 *체계적으로 정리해 보자."

*《독립신문》은 1896년에 만들어진 우리나라 최초의 민간 신문이에요.
*교정은 잘못된 것을 바로잡아 고치는 거예요.
*체계적이란 규칙에 따라 짜임새 있게 이루어지는 것을 말해요.

주시경은 배재학당에 다니고 있던 친구들과 함께
우리글을 연구하는 모임을 만들었어요.
이것이 바로 우리나라 최초의 학생회인 *협성회예요.
협성회는 토론회를 열거나 책을 만들어
사람들에게 민족 의식과 독립 정신을
심어 주기 위해 노력했답니다.

*협성회는 1896년, 배재학당의 학생들을 중심으로 만들어진 계몽운동 단체예요.

한편 서재필은 우리나라를 발전시키기 위해
사회·정치 단체인 독립협회를 만들었어요.
주시경도 독립협회에서 서재필과 함께 일했지요.
독립협회는 *독립문을 세워 독립 정신을 높이고,
독립신문을 통해 관리들의 잘못을 꾸짖었어요.
그러자 관리들은 독립협회를 해산시켜 버렸어요.
얼마 뒤, 주시경을 잡아들이라는 명령이 내려졌지요.
'일단 피해 있는 게 좋겠다.'
주시경은 황해도의 친척 집으로 가서 몸을 숨겼답니다.

독립협회에서 세운 독립문
독립협회는 중국에서 온 사신을 맞이하는 영은문이 있던 곳에
우리나라의 독립 정신을 상징하는 독립문을 세웠어요.

1908년, 주시경은 국어연구학회를 만들어
우리말과 글을 본격적으로 연구하였어요.
그리고 마침내 국어 문법을 완성하였답니다.
"앞으로 우리글을 '한글'이라고 부르자."
한글은 '크고, 바르고, 으뜸 가는 글'이라는 뜻이에요.
이후 주시경은 우리말사전(말모이)을 만들기 시작했어요.
우리말의 음운과 어법에 대해 적은 《말의 소리》도 펴냈지요.
또한 주시경은 이곳저곳을 다니며 한글을 가르쳤는데,
책을 보따리에 싸서 들고 다녀 '주보따리'라고 불렸답니다.

대한국어문법 쥬시경 져

일문 말이 무엇이뇨
답 뜻을 표ᄒ는 것이니이다
이문 말이 쓸 티가 무엇이뇨
답 인류가 셔로 인연되여 사는
것인디 말은 그 뜻을 통ᄒ여야 ᄒ을
것인디 말은 셔로 통ᄒ여야 사는
ᄂᆞᆫ 티 쓰는 것이니이다
삼문 말로 뜻을 엇더케 달은 사람
에게 통ᄒ느뇨
답 말은 곳 뜻을 구별ᄒ여 표ᄒ
ᄂᆞᆫ 소리니 그 소리로 달은 사람
에게 젼ᄒᄂᆞ이다

國語文法

주시경은 우리글을 가르치기 위해 조선어강습원도 열었어요.
그러자 일본 경찰들이 찾아와 주시경을 위협했지요.
"조선의 글을 가르치는 것을 당장 그만두시오."
하지만 주시경은 물러서지 않았어요.
"조선인이 조선말을 배우는 것이 무슨 문제란 말이오!"
주시경은 사람들에게 수업료도 받지 않고 한글을 가르쳤어요.
"여러분, 우리가 비록 일본에게 나라를 잃었지만,
우리의 말과 글은 절대로 잃어버려선 안 됩니다.
한 나라가 잘되고 못되는 것은 그 나라의 국어를
얼마나 사랑하느냐에 달려 있습니다."
주시경은 우리글을 연구하고 가르치는 일을 멈추지 않았답니다.

그러자 일본의 감시는 더욱 심해졌어요.
'만주로 가자. 그곳에서 나라를 되찾을 때까지 싸우는 거야.'
주시경은 좀 더 자유롭게 활동하기 위해
외국으로 떠나려고 했어요.
하지만 갑자기 큰병에 걸려 자리에 눕고 말았지요.
주시경은 우리말사전을 만들고자 했던
꿈을 이루지 못한 채 세상을 떠나고 말았어요.
하지만 그의 말모이 작업은 조선어학회와 한글학회로 이어져
《큰사전》이라는 국어사전으로 완성되었답니다.

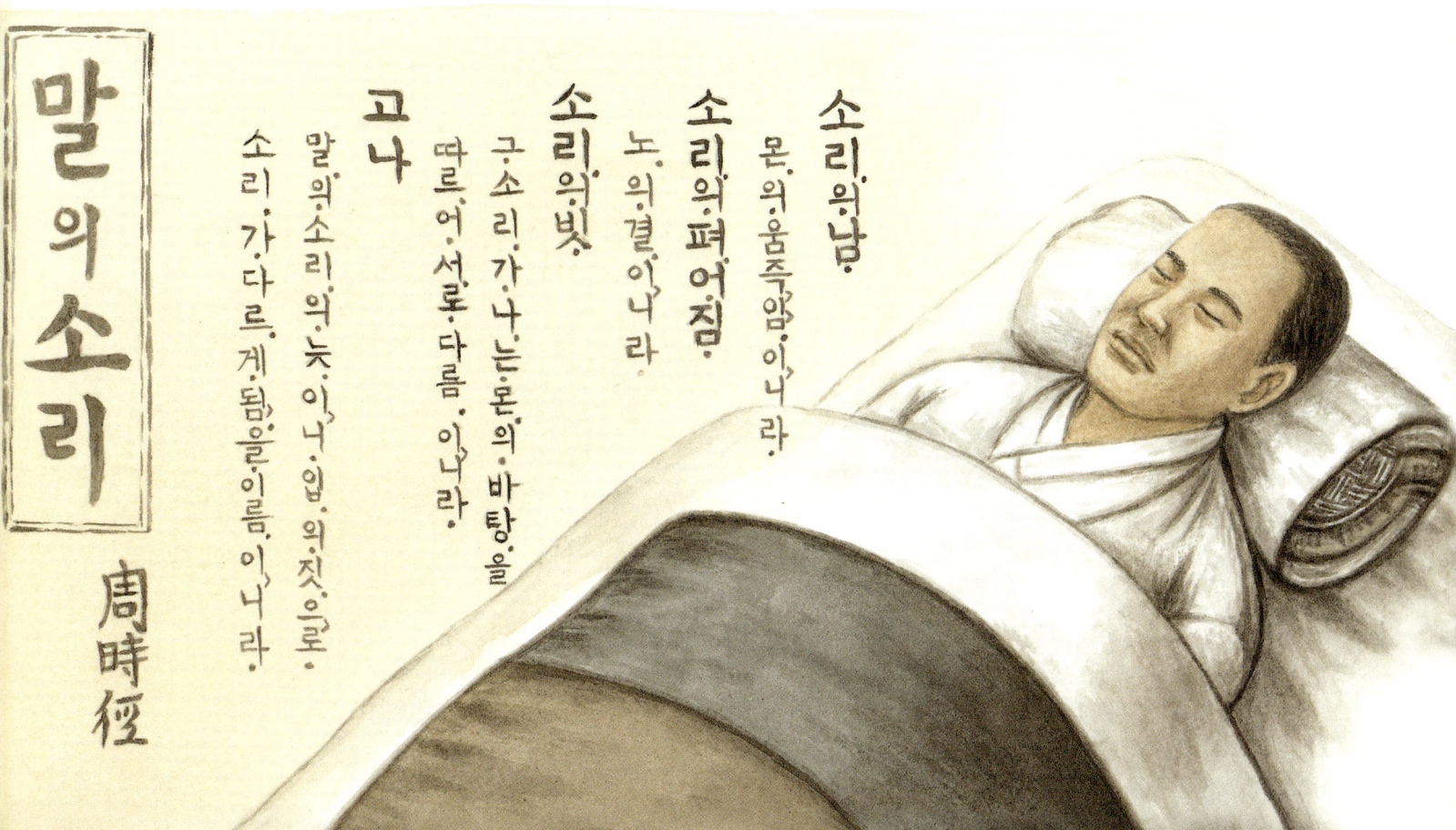

주시경

따라잡기

1876년	황해도 봉산군 무릉골에서 태어났어요.
1887년	큰아버지의 양자가 되어 서울로 올라왔어요.
	이회종의 글방에서 한학을 배우기 시작했어요.
1892년	한문을 국어로 풀이하는 과정에서 우리글 연구를 결심했어요.
1893년	배재학당에서 신학문을 배웠어요.
1896년	독립신문사에서 일하였어요.
	배재학당 학생들을 중심으로 협성회(대중 계몽 단체)를 조직하였어요.
1897년	독립협회의 임원이 되었어요.
1898년	독립협회의 만민공동회 사건으로 인해 감옥에 갇혔어요.
1900년	상동교회 부설 상동청년학원(야학)에 국어문법과를 만들었어요.
1906년	《대한국어문법》이 출간되었어요.
1907년	지석영이 만든 국어연구회의 회원으로 활동하였어요.
	국문연구소 주임위원이 되어 국문연구안을 작성하였어요.
1908년	상동청년학원의 졸업생과 함께 국어연구학회를 조직하였어요.
1909년	J.S.게일, 다카하시 도루 등과 한어연구회를 만들었어요.
1911년	국어연구학회를 조선언문회(배달말글몯음)로, 국어강습소는 조선어강습원으로 바꾸었어요.
	우리말사전(말모이) 편찬을 시작하였어요.
1914년	국어문법서 《말의 소리》를 펴냈어요.
	조선어강습원을 한글배곧으로 바꾸었어요.
	우리말사전 작업을 마치지 못하고 세상을 떠났어요.

주시경
연관검색

우리나라 최초의 근대적인 사회·정치단체, 독립협회

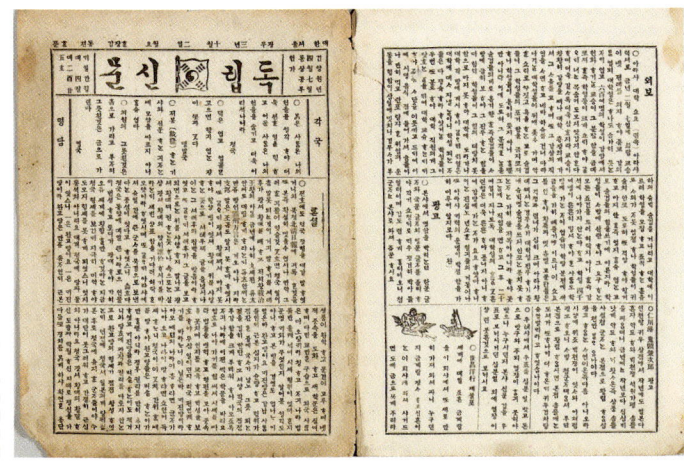

1896년 무렵, 우리나라는 일본 등 외국에 많은 이권을 빼앗기고 있었어요. 부패한 관리들도 백성들을 괴롭히고 있었지요. 이에 서재필은 '독립협회'라는 사회·정치 단체를 만들었어요. 관리를 비롯하여 지식인, 상인, 농민, 노동자 등 여러 계층이 참여하여 이루어진 독립협회는 관민공동회·만민공동회 등의 토론회와 강연회를 열어 백성들을 일깨우고, 외세의 침략으로부터 나라를 지키기 위해 애썼어요. 또한 국문판과 영문판으로 구성된 《독립신문》을 발행하였답니다.

독립협회가 발행한 《독립신문》

말모이로부터 시작된 《조선말큰사전》

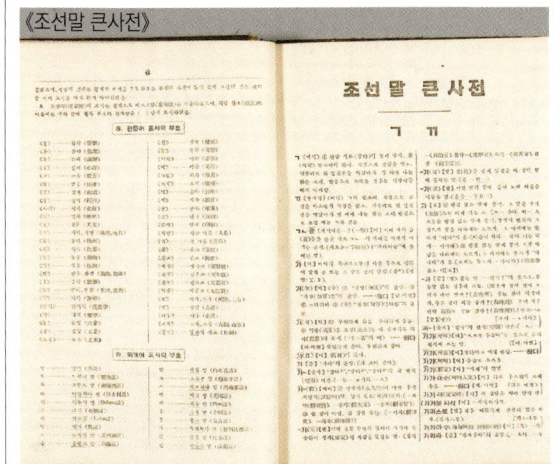

주시경, 김두봉 등은 일본으로부터 우리의 글을 지키기 위해 1911년 우리말사전 '말모이'의 편찬을 시작했어요. 하지만 1914년 주시경이 세상을 떠나자 '말모이' 작업은 중단되고 말았어요. 이후 조선어학회의 《조선말큰사전》 편찬으로 이어져 우리말 사전의 디딤돌이 되었답니다.

우리의 글을 지켜라! 조선어학회 사건

한글학자 최현배의 생가터

조선어학회는 1908년 '국어연구학회'라는 이름으로 만들어졌으며, 1931년 '조선어학회'로 이름을 바꾸었어요. 조선어학회가 한글을 지키고 연구하는 데 앞장서자 일본은 함흥학생사건을 일으켰다는 누명을 씌워 이중화, 장지영, 최현배 등을 잡아들였어요. 이 사건으로 조선어학회는 강제로 해산당했으나, 다시 조직되어 1949년 '한글학회'라는 이름을 갖게 되었답니다.

PHOTO ALBUM

배재학당을 만든 아펜젤러를 기념하기 위해 지은 아펜젤러관

주시경이 다녔던 정동제일교회

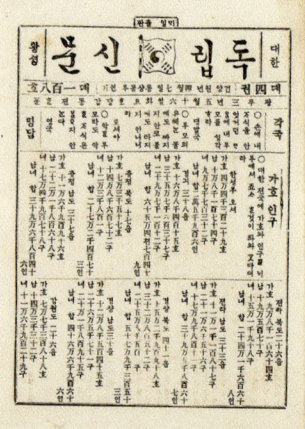

주시경이 일했던 독립협회에서 발간한 《독립신문》

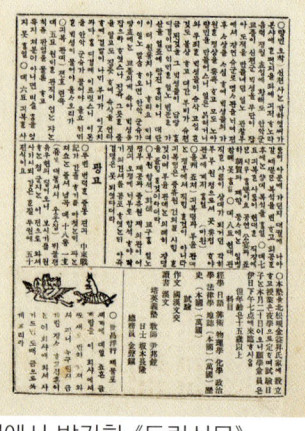

주시경이 동료들과 작성한 《국문연구안》

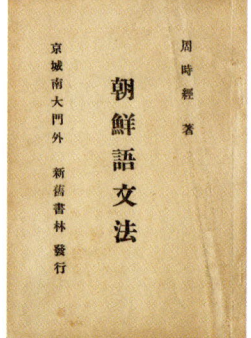
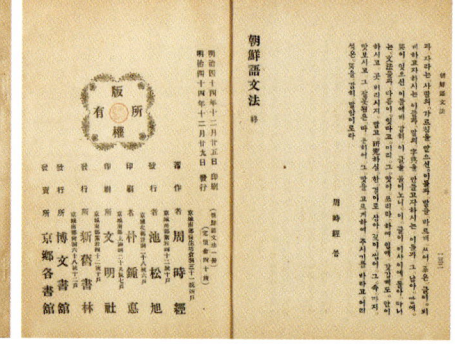

주시경의 《조선어문법》

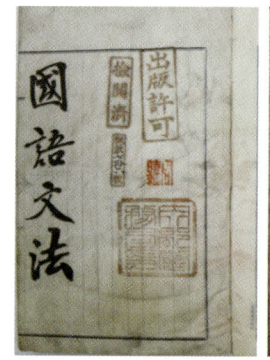
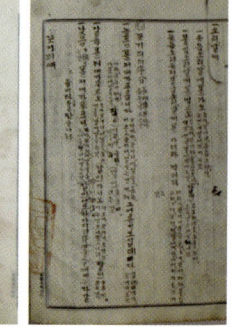

박문서관에서 발행한 주시경의 《국어문법》 원고

주시경

사진첩

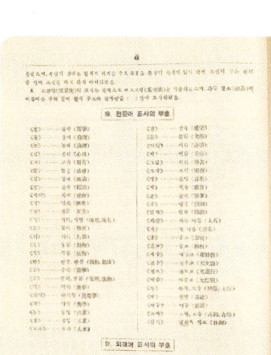
조선어학회의 《조선말큰사전》

조선어학회 한말글 수호 기념탑

독립기념관의 주시경 어록비

국립 서울현충원에 있는 주시경의 묘